Isabel **Fouchécour** Nathalie **Renard**

Cuaderno de ejercicios

PARA QUE TE CONOZCAS MEJOR

El cuaderno que te tiende la mano

MALINKA
LIBROS

Título original
Cahier d'exercices pour mieux se connaître

Division de la société Reed Business Information
52, rue Camille Desmoulins, 92448 Issy-les-Moulineaux Cedex (France)

Primera edición: junio de 2011
Publicado por Malinka Libros

Aragón, 259, 08007 Barcelona
www.terapiasverdes.com
ediciones@terapiasverdes.com

Maquetación: Chloé Sadoun
Ilustraciones: Maëlle Schaller

Fotocomposición: Víctor Igual, S. L.
Aragón, 390, 08013 Barcelona
Impresión: Sagrafic, S. L.
Plaza Urquinaona, 14
08010 Barcelona

Depósito legal: B-22.235-2011
ISBN: 978-84-15322-01-6

Este cuaderno de ejercicios
no es una batería de tests para dar con un perfil
psicológico, sino un viaje, una exploración.
Te proponemos diferentes modos para que estés
a la escucha de ti y así poder percibir toda
tu sutileza, tu riqueza, tus infinitos matices
y tus misteriosas complejidades, e incluso tus inesperadas,
aunque normales, contradicciones... Toda una serie
de elementos que te permitirán
crear la vida digna de ti.

Reglas del juego:

- No tengas prisa, ve de ejercicio en ejercicio.
- No te juzgues: lo que vas a conocer de ti hoy no es exactamente lo que eras ayer y mucho menos lo que serás mañana.
- Déjate sorprender... por ti mismo/a. ¡Atrévete!
- Acéptate, déjate conmover.
- Y, sobre todo, diviértete, es la mejor forma de ser natural.

Cada vez que veas este lapicito,
habrás de escribir lo que sientes
y descubrir qué pensamientos te surgen.

¿Por qué he de

Aquí tienes una lista de algunas buenas razones por las que puedas estar deseando conocerte mejor. Escoge las tres que más se aproximen a tus verdaderas motivaciones, y cópialas en los bocadillos de la figura. Si no se encuentran en esta lista, ¡añádelas tú!

Porque...

- me gustaría ser más feliz;
- soy curioso/a;
- quiero cambiar;
- quiero atreverme a ser yo mismo/a;
- quiero estar más seguro/a de mis cualidades;
- quiero saber dónde tengo carencias;
- quiero tener la vida de la que soy digno/a;
- no sé lo que valgo;
- me pregunto quién soy verdaderamente;
- quiero descubrirme;
- deseo explorar otras posibilidades;
- quiero averiguar cuáles son mis bazas y mis puntos débiles;
- quiero volver a empezar con buenas bases, tras un golpe duro;
- me gustaría quererme tal y como soy;
- ....
- ....
- ....

conocerme mejor?

«La respuesta se halla en el centro de tu ser; sabes quién eres y sabes lo que quieres.»
Lao Tse

¡Yo!

Visto por mí mismo/a...

Ahora vas a hacer un dibujo exclusivamente para ti. Es decir, que este autorretrato sólo te incumbe a ti, ¡y no lo vas a publicar en el Facebook! No se trata de hacer un dibujo realista, sino de divertirte, como cuando en la infancia te dibujabas. ¿Es la primera vez que vas a tener esta experiencia desde entonces? Si es así, instálate cómodamente, respira profundamente, y manos a la obra. ¡A divertirse!

Dibujo mi autorretrato

...y por mi mejor amigo o amiga

Pídele a tu mejor amigo/a que dibuje tu retrato sin enseñarle el que tu has hecho. Tranquilízalo/a, como hemos hecho contigo, respecto a sus dotes. Incluso puede hacerlo a distancia y enviártelo: lo pegarás aquí.

El retrato que me ha hecho mi amigo o amiga

Mira los 2 retratos. ¿Qué descubres en ellos, qué emociones provocan en ti?

....

....

....

Mis sentidos

Para percibir el mundo exterior, utilizamos nuestros 5 sentidos: vista, oído, tacto, olfato y gusto. ¿Cuál es tu preferido?

Cierra los ojos e imagina que estás en la cocina de un gran chef a la hora de los grandes preparativos para la comida...

Déjate impregnar de esa atmósfera durante unos segundos y después responde sin pensar a las siguientes preguntas:

¿Qué ves? ¿Cuáles son las imágenes y los colores que te acuden a la cabeza?

....

....

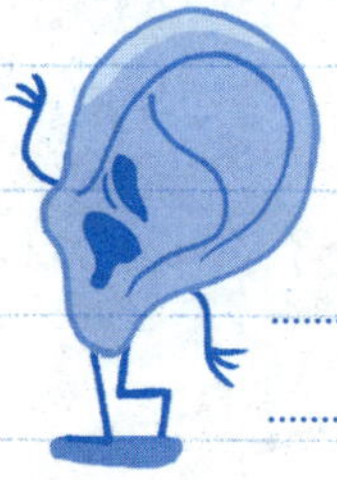

Escucha atentamente lo que sucede en torno a ti. ¿Qué oyes?

....

....

¿Qué materias te atraen? ¿Qué te gustaría tocar?

....

....

en alerta

¿Qué gustos te imaginas?

¿Qué hueles? ¿Es un aroma agradable? ¿De qué se trata?

¿Has respondido a algunas preguntas con facilidad y con buen número de detalles? Corresponden al sentido que más utilizas:

¿Cómo se manifiesta esto en tu vida cotidiana?

Y para los que utilizas menos:

¿Cómo compensas ese uso tan pobre?

En busca de mi espacio interior

Mi cuerpo me habla

«Hace veinticinco años, la idea de que el inconsciente estaba alojado en el cuerpo, bajo la forma, entre otras muchas, de malestares y tensiones, resultaba algo chocante. En la actualidad, está generalmente admitido considerar el cuerpo como fuente de información y motor de cambio. Por el contrario, pocas personas saben cómo llegar a esa fuente.»

Eugène T. Gendlin

A fuerza de considerar nuestro cuerpo como el taxi de nuestra cabeza, acabamos olvidando que suceden muchas cosas... en los pisos de abajo. Y sólo nos acordamos de ellos cuando algo no funciona...

Dibuja la silueta de tu cuerpo, y luego dibuja lo que hay dentro, como si vieras el interior por una transparencia.

No estás obligado a dibujarlo todo, ¡no se trata de un examen escrito de ciencias naturales! Es sólo para descubrir... qué es lo que te interesa.

Evidentemente, no vamos a ocuparnos aquí de opiniones políticas, sino de tu... cerebro. Hemos adquirido la costumbre (aunque la realidad sea mucho más compleja) de hablar de cerebro derecho / cerebro izquierdo para clasificar modos de funcionamiento complementarios e indispensables. Todos tenemos nuestras preferencias. ¿Cuáles son las tuyas?

Regla del juego

Te damos 12 pares de palabras. En cada uno de ellos, ¿de qué palabra te sientes más cerca? Ponle una cruz al lado. Si te sientes igual de cerca de ambas, pon la cruz a media distancia.

Resultado*
Te proponemos dos formas de averiguarlo:

Calculándolo:

Cuántas cruces tienes...

- en las dos tiras verticales de la izquierda: ....
- en las dos tiras verticales de la derecha: ....

Si sobre todo tienes cruces a la izquierda, ya sabes cuáles son las preferencias de tu cerebro... ¡de izquierda!
Si sobre todo tienes cruces a la derecha, acabas de descubrir que las preferencias de tu cerebro son... ¡de derecha!

¿de derecha o de izquierda?

Mente analítica	■	■	■	■	■	Mente sintética
Razonamiento	■	■	■	■	■	Intuición
Lógica	■	■	■	■	■	Estética
Abstracto	■	■	■	■	■	Concreto
Matemático	■	■	■	■	■	Sensación
Fondo	■	■	■	■	■	Forma
Palabras	■	■	■	■	■	Imágenes
Cifras	■	■	■	■	■	Metáforas
Linealidad	■	■	■	■	■	Globalidad
Progresividad	■	■	■	■	■	Instantaneidad
Secuencias	■	■	■	■	■	Simultaneidad
Tiempo	■	■	■	■	■	Espacio

Dibujándolo:

Une las cruces de arriba abajo, comenzando por la primera línea.
¿Se encuentra más bien a la izquierda o a la derecha del eje central?

Pregunta subsidiaria: ¿qué método has preferido?

Cerebro izquierdo: También llamado analítico, lógico, matemático, secuencial. Funciona preferentemente a partir del detalle, del que se sirve para ir hacia la complejidad.
Es la sede preferencial del lenguaje, pero no exclusivamente.

Cerebro derecho: También llamado analógico, empírico, intuitivo. Funciona sobre todo sobre la globalidad, la experiencia y el error. Es la sede preferente del tratamiento de la imagen y de la comunicación no verbal.

Una sorpresa

¡Juega con tu imagen!

Para descubrir nuevas formas de verte, necesitas un retrato tuyo, frontal, con la cabeza bien recta.

1. Tal y como los demás te ven

Imprime en papel una foto tuya después de haberla invertido horizontalmente.

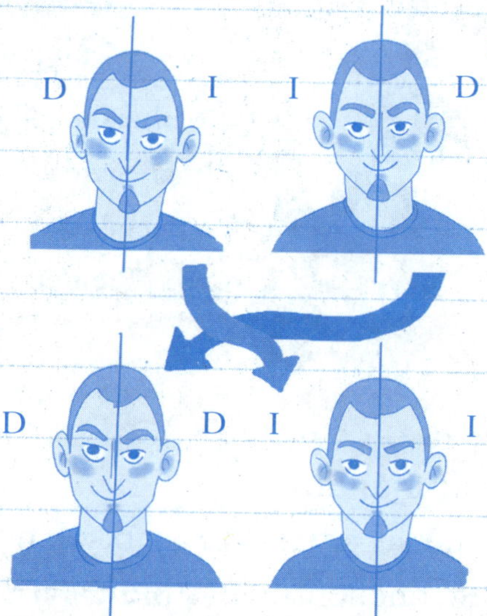

Un poco de técnica

Tradicional: haces copias en papel en la casa de revelado:
1 al derecho, 2 invertidas horizontalmente.

Digital: pasas la fotografía al ordenador escaneando una que ya tengas en papel, o con la cámara digital o bien con el teléfono móvil.
Después, con un programa de fotografía las inviertes, y las imprimes.
¡Y si tienes un iPhone®, el programa BeSymmetric hace todo el trabajo por ti!

«Las cosas del mundo se han de mirar al revés para verlas al derecho.» Baltasar Gracián

de 3 caras

2. Tu cara simétrica

Necesitas dos juegos de tu foto: uno, normal; el otro, invertido horizontalmente.

Recorta las dos fotos siguiendo el eje vertical medio de tu rostro.

Después junta las dos mitades derechas y las dos mitades izquierdas de tu cara... ¿Qué sucede entonces? ¿Cómo te gustas más? ¿Por qué?

Mis 2 mitades derechas

Mis 2 mitades izquierdas

Lo que descubro...

«Los espejos deberían pensárselo muy bien antes de reflejar una imagen.» Jean Cocteau

Retrato CHINO

¿Quieres descubrir más rasgos inesperados de tu personalidad? Responde rápidamente a este cuestionario, y pon también a jugar a un familiar o un amigo o amiga.

Si yo fuera	**Yo sería**	**Tú serías**
Un animal imaginario		
Un coche de carreras		
Un árbol		
Un personaje de dibujos animados		
Un actor o actriz de cine		
Uno de los cinco elementos		
Un país		
Un invento		
Una especia...		

Regla del juego

Rapidez, espontaneidad y nada de autocensurarse.
¡Siente, no intentes la perfección! Haz que completen la segunda columna sin enseñar tus propias respuestas.

¡Sorpresa!

Miradlo ahora juntos, comparad, tomad notas
de aquello que os sorprende

Tus más bellas cualidades

A tu yo social lo estimula la presencia de los demás. O a veces lo inhibe.

Aquí vamos a insistir en las cualidades y las habilidades.

No son siempre las mismas, pues dependen de cada situación: tu arte de cuentacuentos puede desarrollarse con tus hijos, y el del humorista con tu pandilla de amigos.

En cada una de las ramas, escribe las cualidades y habilidades que desarrollas con todas esas personas. Añade tantas ramas como te sea necesario.

Ejemplo:

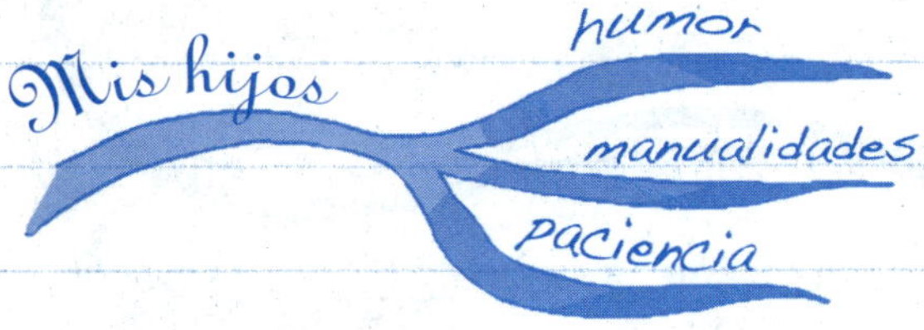

mis cualidades con
mis hijos
mis amistades
mi pareja
mis padres
mis colegas

Regalos

El primogénito o el chiquitín de una familia no desarrollan las mismas habilidades. Si tu madre te ha transmitido el arte de hacer un postre exquisito o su pasión por la poesía, tu padre quizá te ha influido en tu gusto por la soledad o por tocar el piano.

una foto tuya
en familia

Lo que he aprendido o vivido...

Cómo me sirvo de ello en la actualidad...

en herencia

Los veranos pasados con tus primos o las mudanzas habituales han podido influir en las habilidades que has desarrollado. Y, al mismo tiempo, un mismo contexto puede favorecer capacidades muy distintas...

¡Te toca a ti explorarlas!

Utiliza un rotulador de color diferente para cada zona: ¡podrás seguir mejor tus pesquisas!

Las habilidades que he desarrollado...

ej.: hija mayor de una familia

liderazgo

organizadora

dinamizadora de alguna asociación

fiestas en casa

Los Top 5

de mis logros

¿Cuáles son las 5 cosas que te enorgullece haber realizado estos últimos 5 años?

Dibuja un ramo de flores con lápices de colores diferentes para cada una de las flores y anota tu logro a lo largo del tallo.

¿Cuáles son las habilidades y las cualidades que te has visto llevado a poner en práctica?

Intenta encontrarlas:

1. ....

2. ....

3. ....

4. ....

5. ....

Lo que me hace levantarme por la mañana...

Le ha llegado el turno a lo que más te motiva en la vida: lo que te gusta hacer, lo que te tiene con los ojos abiertos hasta muy tarde por la noche o lo que hace que te levantes muy temprano mientras todo el mundo duerme y aunque tú también podrías quedarte remoloneando entre las sábanas...

¡Coge unas tijeras, la cámara de fotos, lápices para dibujar, mostrar y contar qué es lo que más te apasiona en el mundo!

«Todas las pasiones son buenas por naturaleza y sólo hemos de evitar su mala utilización o sus excesos.» René Descartes

¿...y puede absorberme durante horas?

Valores

Selecciona de la lista siguiente los 3 valores que mayor importancia tengan para ti.

¿Pero cómo elegirlos?

La importancia de un valor se te va a revelar si cuando alguien lo pisotea a ti te invade la furia.

Aunque a menudo se lo confunde con la necesidad, el valor es un guía fabuloso que permite tomar decisiones meditadas y avanzar en una relación o una situación, tanto profesional cuanto personal.

amor | libertad | justicia | respeto

armonía | belleza | igualdad | alegría

familia | fraternidad | bondad | confianza

naturaleza | paz | abundancia | creatividad

dinero | salud

que dan SENTIDO

A fin de ilustrarlos, cuenta una historia que extraigas de tu vida para cada uno de los tres valores que hayas escogido.
Dispones de una bola por historia, y puedes decorarla como mejor te parezca.

valor *2*

valor *1*

valor *3*

Reconoce

1. Haz una primera evaluación intuitiva: puntúa del 1 al 20 cada uno de los niveles (20 si tus necesidades están por completo satisfechas).

Autorrealización /20

Creatividad, asunción del propio poder, independencia, libertad, espacio propio, autonomía, evolución, inspiración, silencio, trascendencia...

Estima /20

Autoestima, confianza, respeto de y hacia los demás, respeto de uno mismo, conciencia del propio valor, dominio, autoafirmación...

Necesidades afectivas /20

Afecto, pertenencia, intimidad sexual, aceptación, comunicación, escucha, empatía, apoyo, asistencia, ayuda, consuelo, ternura, tacto...

Necesidades de seguridad /20

Protección, seguridad física, empleo asegurado, suficientes recursos, situación familiar satisfactoria, valores respetados, cobertura sanitaria, estructuras, referencias...

Necesidades fisiológicas /20

Comer, beber, dormir, respirar, hacer ejercicio, descansar...

tus necesidades

2. **En un segundo tiempo, concreta un poco más, y localiza 4 necesidades: 2 completamente satisfechas, 2 que dejen que desear. A continuación detalla para las 4 cómo se materializan en tu vida.**

La pirámide de Maslow
Fue Abraham Maslow quien jerarquizó nuestras necesidades en 1943. Según él, debemos satisfacer cada necesidad de un nivel dado antes de pensar en las necesidades del nivel inmediatamente superior. Pero no fue él quien las representó en forma de pirámide.

La comunicación no violenta
Marshall B. Rosenberg desarrolló este concepto de necesidades en la comunicación no violenta.
Es indispensable saber reconocer y expresar las propias necesidades para desarrollar relaciones fecundas.

necesidad 1:

necesidad 2:

necesidad 3:

necesidad 4:

Juega con tus

En nuestra cultura, a menudo gastamos más energía corrigiendo nuestros «defectos» que desarrollando nuestras habilidades. Y aunque resulte increíble, no siempre está bien visto manifestarlas: «Sí, sí, yo soy lógico y creativo», o «Soy muy intuitivo». Este ejercicio te va a ayudar a controlar tus habilidades y a hablar mejor de ellas.

Paso nº 1: ¿Cuáles son tus habilidades?

Una habilidad es algo que sabemos hacer o hacer que hagan con placer, de forma natural. Para ayudarte a responder a esta cuestión tan delicada, te damos tres pistas:

¿Qué habilidades reconoces en ti, sin falsa modestia?

¿Qué cosas positivas dicen de ti desde la niñez o la adolescencia?

Marca en esta lista las habilidades que reconozcas que posees:

Comunicación Organización Empatía Creatividad Optimización Liderazgo Dinamizador Espíritu de empresa Carisma Facilidad para las relaciones Pedagogo Metódico Clarificador Creador de ideas Catalizador Mediador Estratega Arte de convencer Visionario Profesionalismo Sentido del orden Facultad de adaptación Espíritu de síntesis Gusto por la acción Gestión del tiempo Management Resolución de problemas Espíritu de análisis Escucha de los demás Negociación Humor

habilidades

Paso nº 2: Escoge 3 (las que más te gusten) y subráyalas con un rotulador.

Paso nº 3: ¡Pregona tus habilidades!

- En los bocadillos pequeños, completa las frases añadiendo una de tus habilidades.
- En los bocadillos grandes, escribe la prueba de tal habilidad: alguna anécdota tuya que la ilustre.

La prueba ....

Soy ....

Pega aquí una foto tuya de pie

Yo soy ....

La prueba ....

Yo soy ....

La prueba ....

¡Ahora, ponte delante de un espejo y, mirándote fijamente a los ojos, pregona tus habilidades en voz alta!

Mis propios frenos

Probablemente empiezas a darte cuenta de que eres único/a y... mucho más rico/a de lo que suponías. Pero quizá no te atreves a ser plenamente quien eres. Es el momento de empezar a conocer las causas de tus bloqueos.

Marca las frases que te sean más familiares.

Los bloqueos pueden ser...

Emocionales

- Tengo miedo a equivocarme.
- Me ponen nervioso/a los cambios.
- Los demás nunca piensan así.
- No me gusta hacerme de notar.

Intelectuales

- Tengo la costumbre de...
- No es lógico.
- Sé lo que digo.

Sociales

- ¿Qué va a pensar la gente?
- Voy a hacer el ridículo.
- No van a querer saber nada de mí.
- Como ha dicho el jefe ...

Psicológicos

- Hay que tener los pies en la tierra.
- No lo conseguiré.
- De todos modos, es así y no de otra forma.

Completa muy rápidamente las frases siguientes:

Secretamente me gustaría... ....

....

Secretamente me gustaría... ....

....

Secretamente me gustaría... ....

....

Si no fuera una locura, yo... ....

....

Si no fuera una locura, yo... ....

....

Si no fuera una locura, yo... ....

....

Creo en...

Descubrir las ideas que nos gobiernan es también comprender el importante impacto que tienen en nuestra vida.
Una convicción es ante todo una afirmación personal que creemos verdadera. Y todos tenemos un montón: constituyen en gran parte nuestra visión del mundo.
Algunas son positivas y, por tanto, verdaderos sostenes de nuestra expresión y de nuestras decisiones vitales. Otras son negativas y nos impiden alcanzar nuestros fines.

¡Positivas o negativas, ellas tienen el poder!

3 convicciones positivas

Ejemplos

Si quieres, puedes. Un favor nunca se pierde. El saber no conoce edad. El hábito no hace al monje. Por algo se empieza. Después de la tormenta, viene la calma. Cuando una puerta se cierra, otra se abre. La unión hace la fuerza.

¡DURO COMO EL HIERRO!

«Abandonamos tres cuartos de lo que somos sólo por ser como los demás.» Arthur Schopenhauer

3 convicciones negativas

Ejemplos

Donde hay amor, hay dolor. El hombre es un lobo para el hombre. Las mujeres carecen del sentido de la orientación. Si no has seguido una carrera científica, no tienes ninguna salida. A quien tiene padrino, lo bautizan. Ocuparte de ti mismo es ser un egoísta. Los hombres no lloran.

Algunas preguntas para ayudarte a localizar tus convicciones

Piensa en algún éxito que hayas tenido y plantéate las cuestiones siguientes:

– ¿qué prueba?

– ¿qué demuestra?

– ¿qué confirma que ya sabía?

Haz el mismo ejercicio pensando en una situación de fracaso que hayas vivido.

Me quitan los impulsos

Hay convicciones que heredamos culturalmente y que hemos localizado en páginas anteriores. Pero también están las convicciones que hemos desarrollado sobre nosotros/as mismos/as. Las que te murmuran los dragones cuando tomas la decisión de ser un poco más tú mismo/a, cuando asumes el riesgo de seguirles la pista a tus deseos. Pueden parecerse a «Como siempre, no lo acabarás», «¿Quién te has creído que eres?», «Nunca has tenido suerte»...

Escribe las 3 frases preferidas de tus dragones en cada una de las lenguas de fuego.
¡Mirar a un dragón a los ojos es la mejor forma de quitarle su poder!

«Para encontrar la libertad, debes hacerte consciente de esa parte de ti que se adueña de tu espontaneidad y la sustituye por ideas de segunda mano, dejándote en la estacada, lo más lejos posible de tu yo profundo.» Michele Cassou

Conocerse bien es también salir en busca de territorios inexplorados u olvidados. Como los de la infancia. Quizá te encuentres con deseos, gustos o pistas que has olvidado y sin embargo pueden proporcionarte fuertes energías para el presente.

En la niñez:

- ¿Cuál era tu juguete favorito?

- ¿Cómo se llamaba tu mejor amigo/a?

- ¿Tenías una mascota? ¿Qué animal era? ¿Cómo se llamaba?

- ¿Y qué animal salvaje te hacía soñar?

- En primaria, ¿cuál era tu asignatura preferida?

- ¿Y a qué te gustaba jugar en el recreo?

- ¿Cuál fue tu héroe preferido (de libro, de tebeo, de dibujos animados...)?

- ¿Y la comida que más te gustaba?

Los tesoros ocultos de mi infancia

Cuando eras adolescente:

- ¿Cuál era tu música preferida?
- ¿Y tu gran pasión?
- ¿Tu lectura preferida?
- ¿El héroe o la heroína de ficción que admirabas?
- ¿Cómo se llamaba tu mejor amigo/a?
- ¿Y tu primer amor?

De mi cofre del tesoro, ¿cuáles son las joyas que podría volver a sacar?

Relee bien todas tus respuestas. Siéntelas... ¿Qué deseo despiertan hoy en ti? ¿Tener un chat? ¿Retomar el contacto con un amigo? ¿Volver a ir a conciertos de rock? ¿Hacerte socio de un club de fútbol? ¿Encontrar la receta de aquella tarta que hacía tu abuela?

Tres ideas:

(¡para llevar a cabo el mes que viene!)

Juega a

«¡Ah! ¡Si yo fuera...!» Y a partir de aquí nos ponemos a soñar. Pero de repente se despiertan las voces interiores: «**Eso no sirve para nada**», «**Es perder el tiempo**», «**Sé realista**», «**Te hace daño**»...
Se equivocan: en nuestro imaginario se ocultan deseos y necesidades que es posible satisfacer.

Imagina 3 vidas diferentes de la tuya, en las que te gustaría pasar algo de tiempo.
No hay impedimento alguno: ni de dinero, ni de época, ni de tiempo.
Tanto puedes ser un piloto de carreras como el dueño de un castillo.

Ejemplo:
Soy una estrella internacional de rock, viajo mucho, formo un grupo muy estrecho con mis músicos, me visto con ropas brillantes y originales, y, en el escenario, canto y bailo.
¿Por qué? Porque de hecho desearía...

- volver a tocar la guitarra;
- ir a un concierto de rock con más gente;
- darme el capricho de un vestido lleno de glamour para la próxima fiesta;
- organizar un viaje con mi grupo de amigos;
- ...

«De mayor, quiero ser...»

En busca de los deseos ocultos: plantéate por qué te gustarían esas vidas.
Nada de autocensuras: ¡todas las razones son buenas!
¿Por qué? Porque de hecho desearía...

Soy: ....

....

Porque de hecho desearía.....

....

....

Soy ....

....

Porque de hecho desearía.....

....

....

Soy ....

....

Porque de hecho desearía... ....

....

....

¿Y si me atreviera a ser

En la serie «Exploremos nuestra maleta de deseos incumplidos», se hallan los anhelos que se ocultan bajo una convicción muy extendida: «Ya es tarde», «Habría debido comenzar antes», «Soy demasiado viejo o vieja para...».
Y si no fuera demasiado tarde, ¿qué habilidad, qué actividad o qué saber te gustaría adquirir, practicar o conocer más profundamente?

Al lado de cada respuesta, anota lo que puede ser una pista para un inicio posible... y rápido: el nombre de una persona que lo hace o lo ha hecho, el título de un libro sobre ese tema, el número de teléfono de una asociación, etc.

un/a principiante?

¡Nunca es demasiado tarde!

«El miedo es el principal obstáculo en el aprendizaje de los adultos», dice el fisiólogo André Giordan.

Pero nuestro cerebro está hecho de tal forma que puede indefinidamente establecer nuevas conexiones y, por tanto, nuevos aprendizajes.

Una ventaja para los adultos «principiantes»: puesto que pueden dotar de sentido a lo que hacen, su motivación es mayor.

Evidentemente, no te convertirás en una estrella de la danza o en un futbolista de fama internacional,¿pero qué te impide apuntarte a un curso o a un club, compartir tu pasión con otras personas y seguir la senda de aquellos a quienes admiras?

«Allí donde te encuentres,

está la entrada.» Kabir

Crea tu planeta

Materializa el mundo ideal en el que te gustaría vivir y para el que te gustaría contribuir.

Material

- revistas llenas de imágenes de temas variados;
- un círculo de papel de 29 cm de diámetro, recortado en una hoja DIN A-3;
- pegamento y tijeras.

- Ponte cómodo/a y escucha una música que te dé tranquilidad.
- Hojea las revistas y recorta cuidadosamente las imágenes que más te sugieran, que te conmuevan. No necesitas justificar tus elecciones, deja hacer a tu intuición (¡e incluso deja que te sorprendan tus elecciones!).
- Sitúa las imágenes en el círculo, hasta que des con una composición que te guste (no se debe de ver blanco).
- Pégalas.

ideal

▪ Haz una foto de tu planeta o una fotocopia en color reducida y pégala aquí.

Escribe las cosas que descubras al mirar tu planeta:

Necesitamos dotar de sentido a nuestras acciones, pues es en ellas donde mejor podemos captar nuestra búsqueda de sentido. Tu planeta puede ayudarte: si pudieses colaborar en el advenimiento de ese mundo ideal al que has dado forma, ¿cómo lo harías?

Escoge los 3 verbos que mejor se correspondan con tu posible aportación. Esta lista no es exhaustiva, así que no dudes en completarla.

En mi planeta ideal, me gustaría...

Transformar
Crear Escuchar Construir
Observar Amar Dinamizar Soñar
Hablar Activar Fabricar Caminar
Escalar Desarrollar Aplaudir Iluminar
Colaborar Cumplir Participar Intercambiar
Materializar Enseñar Contar Gobernar Pintar
Viajar Escribir Ilustrar Descubrir Explorar
Imaginar Realizar Analizar Viajar Dirigir
Cuidar Restaurar Inspirar Facilitar Acompañar
Guiar Animar Cocinar Jugar Consolar Explorar
Promover Indagar Investigar Disfrutar
Deslumbrar Cultivar Agitar Filosofar
Probar Conquistar Decidir Navegar
Contemplar Meditar Aprender Clarificar
Inventar Maravillar Negociar
Movilizar Felicitar Expresar

... ...

Mis 3 verbos

«Si yo no soy
yo mismo,
¿quién lo será por mí?
Y si yo no vivo
mi vida,
¿quién la vivirá por
mí?» Hilel el Viejo

Estos tres verbos dan indicaciones sobre tus preferencias en términos de acción. Ahora plantéate un par de cuestiones.

¿Cómo se traducen en tu vida actual?
¿Cómo podrías darles más espacio?

Espejito, espejito, espejito...

Escoge 4 personas o personajes que admires. Puede tratarse de amigos o de héroes de novela, de personas célebres, vivas o muertas.

Pega una foto o una imagen de cada uno de ellas, apunta su nombre debajo, y enumera todas las cualidades por las que las admiras.

Mira las fotos y lee en voz alta todo lo que has escrito.
Sus cualidades son también las tuyas, aunque siempre sea más fácil verlas en ellos que en nosotros. Esto recibe el nombre de «efecto espejo».
Lee tus cualidades tantas veces como lo necesites.
¡No hay ningún mal en procurarse bien!
Puedes marcar con un color las que se manifiesten ya en tu vida y con otro las que podrías mostrar, desarrollar un poco más.

La vida en

- El título de tu película preferida
- El objetivo del protagonista

- ....
- ....
....
....
....

Reglas del juego

- Responde tan rápido como te sea posible.
- Cuanto más rápido respondas, más podrás salir de lo «ya visto».
- Evidentemente, el protagonista puede ser una mujer e incluso un grupo de personas.
- Examina tus respuestas.

¿De qué forma te afecta a ti esa situación? 3 observaciones:

- ....
- ....
- ....

cinemascope

- Los obstáculos que encuentra
- ¿Quién le ayuda?
- ¿Qué necesita aprender?

- 3 ventajas o habilidades que le van a ser beneficiosas

- Happy end... or not?

- ....
- ....
- ....

1 ....
2 ....
3 ....

- ....

Mi vida en colores

Los colores son portadores de energía. Y como todos somos diferentes, nuestro modo de reaccionar ante ellos es también diferente.

¿Cuáles son los colores que te hacen más dinámico, te alivian, te hacen soñar? Coge lápices o rotuladores y crea tu propia paleta.

El color que me estimula

El color que mejor sienta a mi piel

El color que me gusta mirar en mi casa

Mi color de pelo preferido

El color que me tranquiliza

El color que me encanta

No hay colores buenos, sino colores que te van bien.

Colorea este mandala con los colores de tu paleta.

¡En ruta hacia...

Conocerse bien nos permite seguir nuestro movimiento interior: sí, nos movemos, cambiamos, nuestras prioridades se transforman... y llega el momento de desprendernos de aquello que ya no somos.

5 cosas para dar, tirar, vender:

Comienza echándole un vistazo a tu armario, tu bolso, tu cuarto de baño, tu salón, tu cocina o tu habitación... y haz una lista con las 5 cosas de las que podrías prescindir durante una semana:

1

2

3

4

5

mí mismo/a!

5 pequeños cambios fáciles de hacer:

Tus neuronas tienen hambre de novedades.
Un póster nuevo, una lámpara de color diferente, tiradores nuevos en los armarios... Un pequeño cambio en el decorado basta para que nazcan nuevas ideas, se susciten nuevas energías o se provoquen sensaciones desconocidas: ¡nuestras neuronas saltan en cualquier ocasión para establecer nuevas conexiones!

1

2

3

4

5

«Debes ser
el cambio
que quieres ver
en el mundo.»
Gandhi

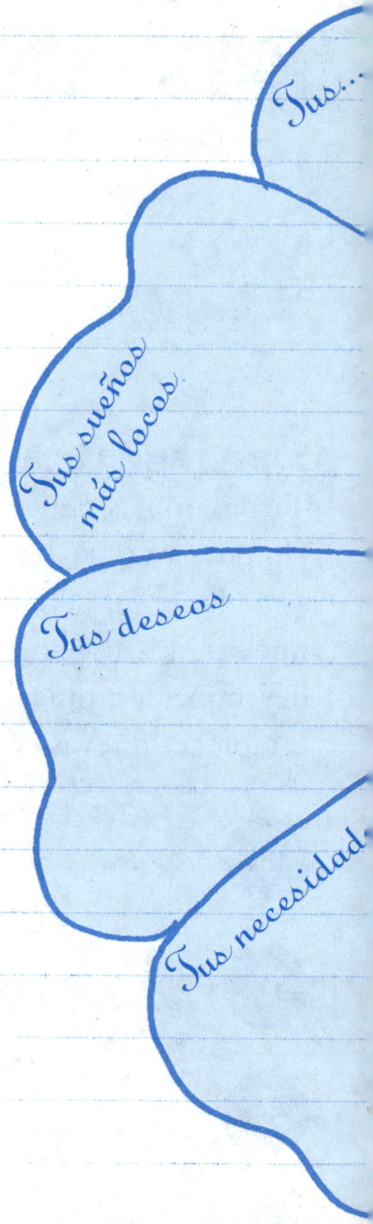

¿Quieres una vida de la que seas digno?
Revisa todas las páginas de este cuaderno
y pon en esta flor lo que encuentres.

Llena cada pétalo con...

Cuida tu jardín

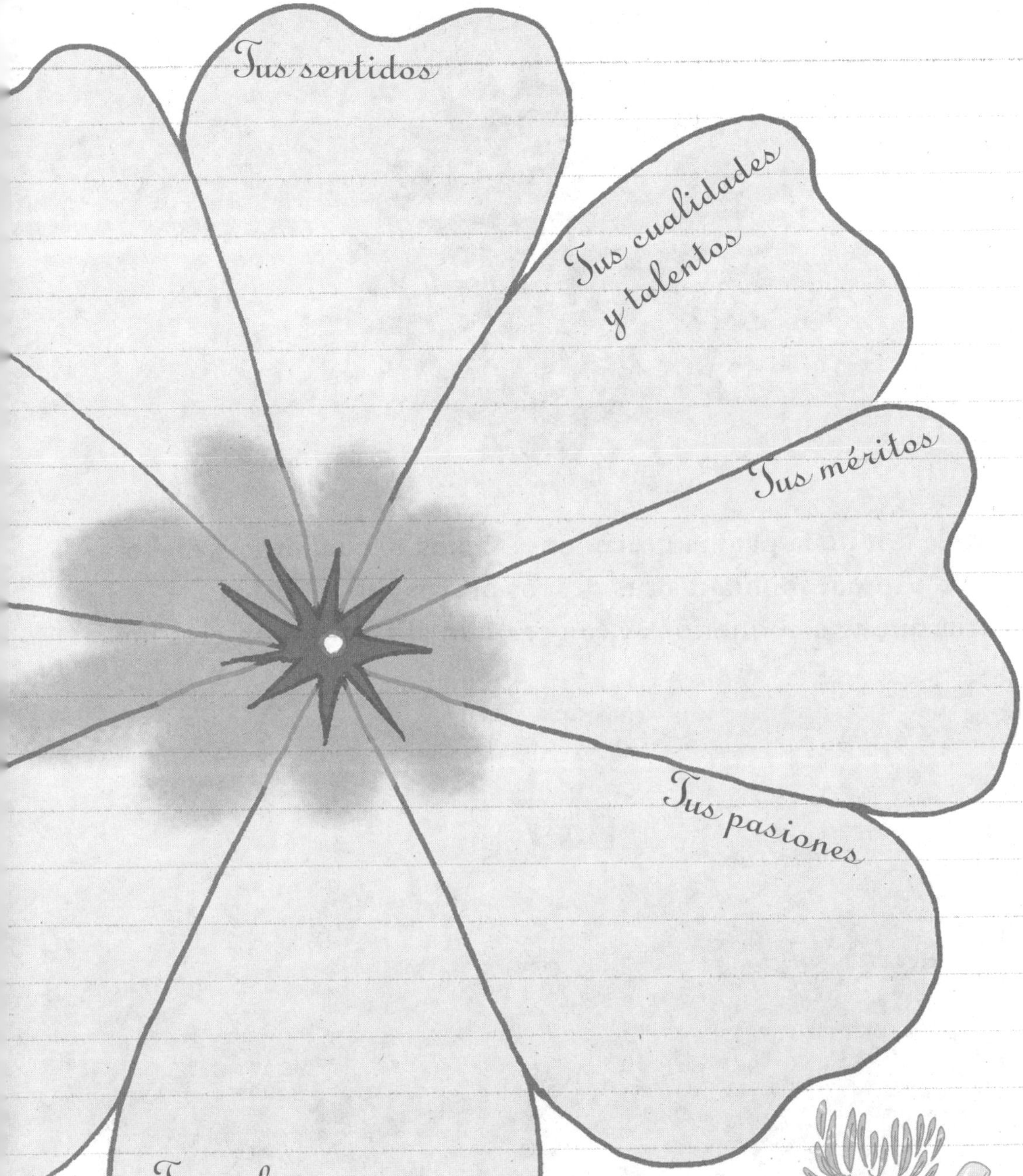
Tus sentidos
Tus cualidades y talentos
Tus méritos
Tus pasiones
Tus colores preferidos

¡Pasa a la acción!

Observa la flor de la página precedente, hojea el cuaderno y elabora 3 proyectos que respondan a tus deseos o a tus necesidades. Proyectos que te son queridos y te permitan afirmar quién eres hoy.

Hoy

Plan de acción

¿Qué? ....

....

....

¿Cuándo? .... ¿Dónde? ....

....

¿Cuánto? ....

....

Plan de acción

¿Qué? ....

....

....

¿Cuándo? ....

....

¿Dónde? ....

....

¿Cuánto? ....

....

....

....

....

Plan de acción

¿Qué? ....

....

....

¿Cuándo? ....

....

¿Dónde? ....

....

¿Cuánto? ....

....

....

....

....

Si tienes claros tus proyectos y tu plan de acción está definido... ya sólo te falta dar el primer paso. Este primer paso puede ser algo intrascendente: un hueco en tu agenda, una consulta en Internet, una llamada telefónica...
¡Y sin embargo es esencial!

1. El primer paso une tu proyecto al mundo real:
le hace saber a tu cerebro que ha llegado el momento de pasar a la acción.

2. Pero tu cerebro no funciona en línea recta:
para hallar la información que necesita, no duda en dar rodeos.

Mi primer paso: ....

....

....

....

....

....

...Los primeros pasos...

«Un paso cada vez me basta.» Gandhi

Mi primer paso:

Mi primer paso:

▶ ❚❚ ■ Paro de imagen

Acabas de realizar un largo recorrido.
¿Por qué partes de tu vida te has movido?
¿Y cuáles son los ángulos de ti mismo que desearías desarrollar, explorar más?

Utiliza esta pantalla de radar para disponer de una mejor visión de conjunto.

- Para cada ángulo de tu vida, numera del 1 al 10 tu grado de adecuación (10 correspondería a una adecuación perfecta): ¿te sientes a la vez satisfecho/a y tú mismo/a?
- Traslada esta evaluación a la línea correspondiente (el 0 se sitúa en el centro).
- Une los puntos.
- Ahora observa la figura: ¿te proporciona pistas para saber por dónde has de seguir?

Antes de utilizar este instrumento, fotocópialo para poder hacer una nueva comprobación dentro de tres meses.

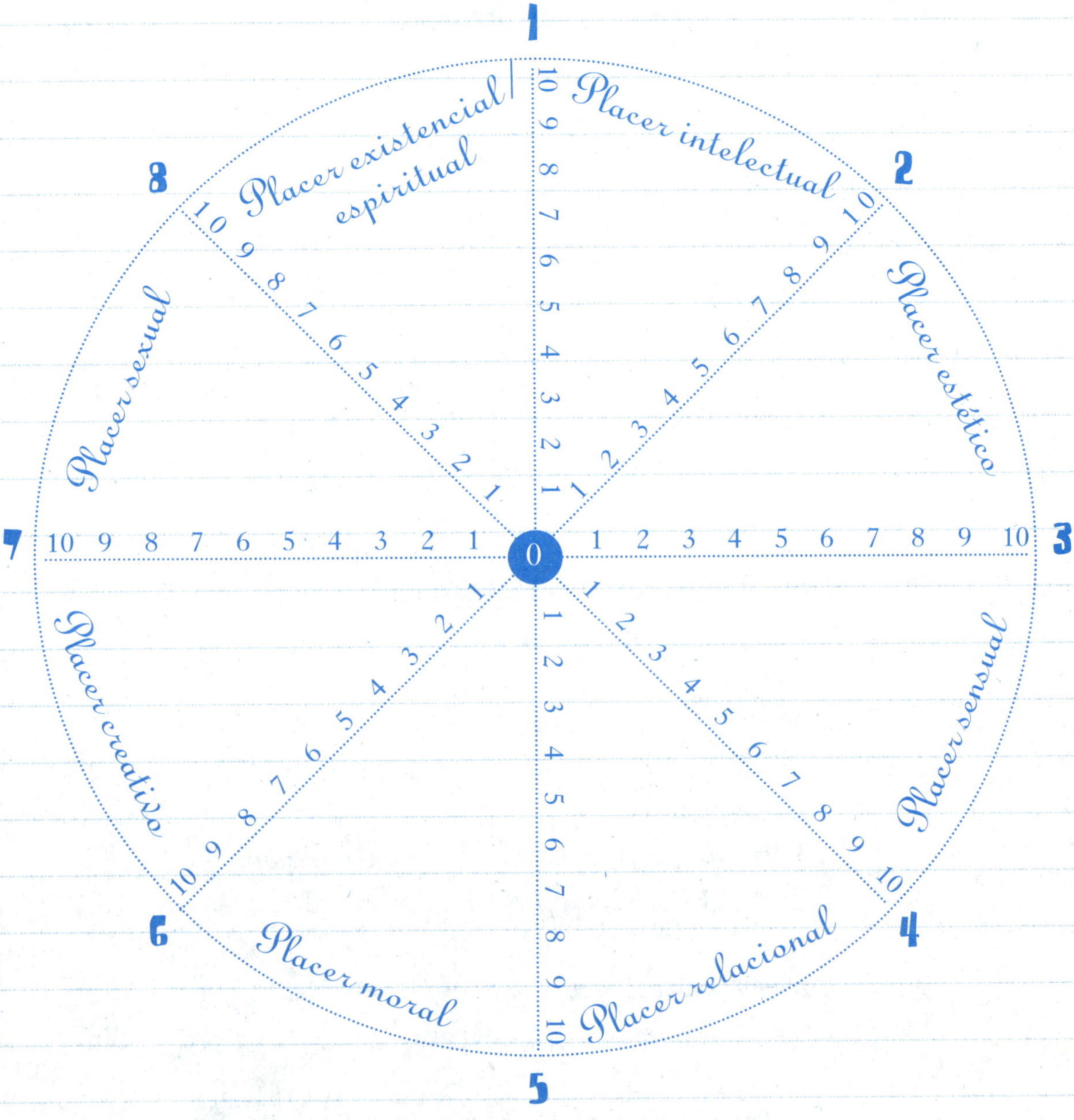
1
Placer intelectual
2
Placer estético
3
Placer sensual
4
Placer relacional
5
Placer moral
6
Placer creativo
7
Placer sexual
8
Placer existencial/espiritual
0
1 2 3 4 5 6 7 8 9 10

Títulos publicados

Cuaderno de ejercicios para vivir en calma
Marie-Josée Couchaere

Cuaderno de ejercicios para aliviar el dolor de espalda
Nicolas Proupain

Cuaderno de ejercicios para controlar el estrés
Élisabeth Couzon / Françoise Dorn

Cuaderno de ejercicios para aprender a adelgazar
Dra. Marina H. Dalmau
Werner Thöni

Cuaderno de ejercicios para tomar buenas decisiones
Nathalie Renard / Isabel Fouchécour

Cuaderno de ejercicios para que te conozcas mejor
Isabel Fouchécour / Nathalie Renard

Cuaderno de ejercicios para estar a gusto en el trabajo
Marie-Josée Couchaere

Cuaderno de ejercicios para encontrar el amor
Élisabeth Couzon / Françoise Dorn